The adventures of Shaka in Burundi
Inkuru ya Shaka mu Burundi

by Lionel Kubwimana
Illustrated by Didier Mekontso

Ndakunda Ikirundi

The author reserves all rights to this book. They do not permit anyone to reproduce or transmit any part of this book through any means or form be it electronic or mechanical. No one also has the right to store the information herein in a retrieval system, nor do they have the right to photocopy, record copies, scan parts of this document, etc., without the proper written permission of the publisher or author.

All the information in this book is to be used for informational and educational purposes only. The author will not account in any way for any results that stem from the use of the contents herein. While conscious and creative attempts have been made to ensure that all information provided herein is as accurate and useful as possible, the author is not legally bound to be responsible for any damage caused by the accuracy as well as use/misuse of this information.

Loi n° 49-956 du 16 juillet 1949 sur les publications destinées à la jeunesse.
Dépôt légal : Avril 2022
ISBN 978-2-492960-1-85
Imprimé à la demande par Amazon
© 2022 Lionel Kubwimana, 1 rue de l'église, 91430 Igny.

Ndakunda Ikirundi
All Rights Reserved

The adventure of Shaka in Burundi
Inkuru ya Shaka mu Burundi

by Lionel Kubwimana
Illustrated by Didier Mekontso

Ndakunda Ikirundi

One day, Shaka and his parents took a journey to Burundi. The parents wanted to show him their country of origin.

Umunsi umwe, Shaka n'abavyeyi biwe bafashe urugendo bagana igihugu c'Uburundi. Abavyeyi biwe bari bagiye kumwereka igihugu cabo c'amavukiro.

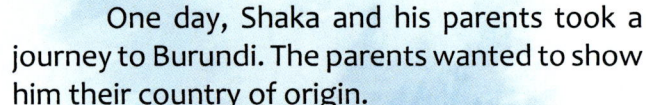

After getting off the plane, a worker at the airport told them: "Welcome to Burundi". Then, he asked Shaka: "Is it your first time in Burundi?" Shaka said: "Yes."

Bururutse indege, umukozi wo ku kibuga c'indege ababwira ati : "Kaze mu Burundi". Araheza yegera Shaka amubaza ati : "Ni irya mbere uje mu Burundi ?". Shaka nawe ati : "Ego."

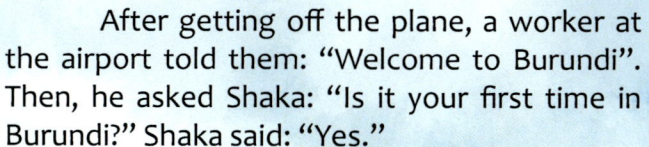

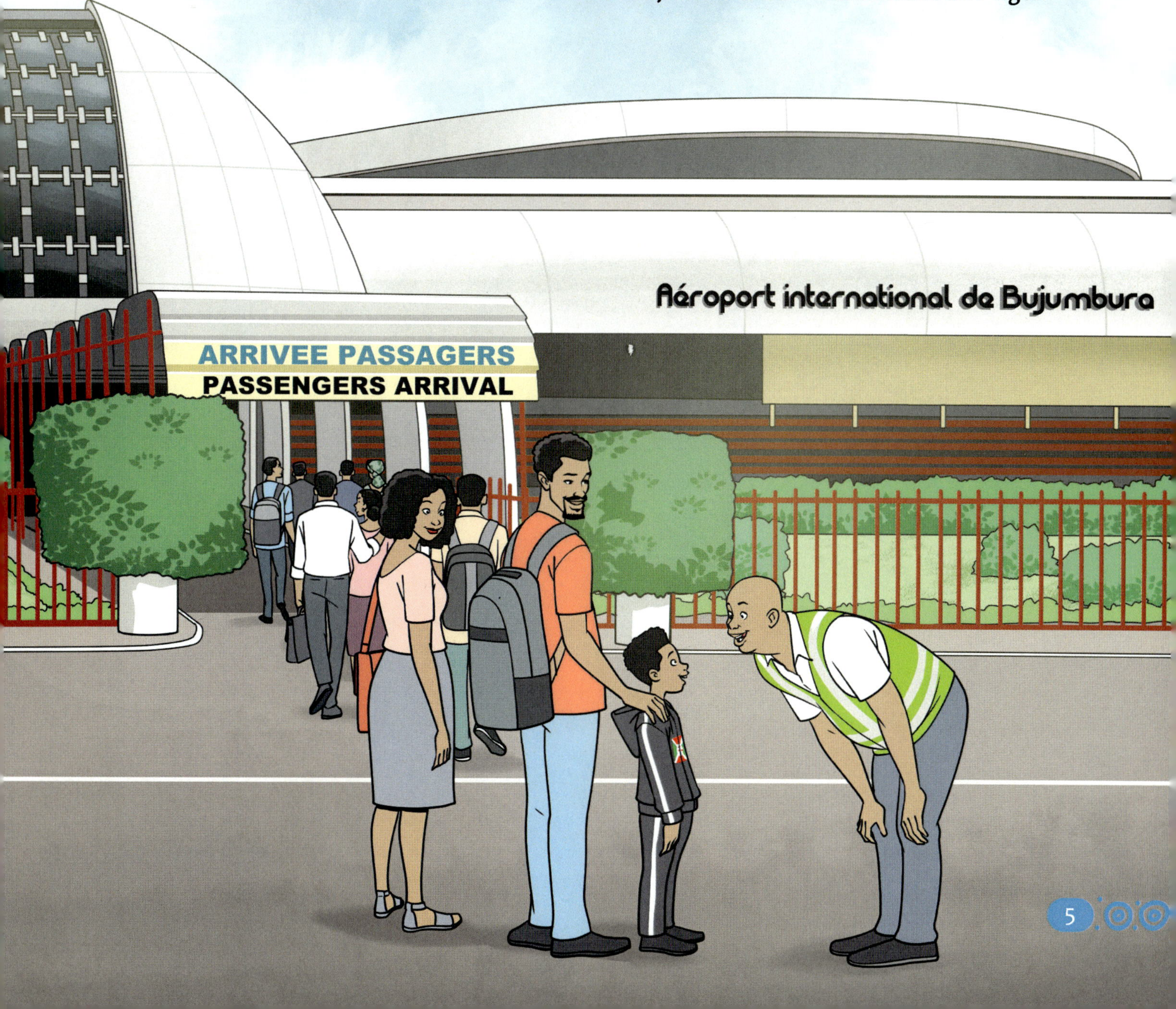

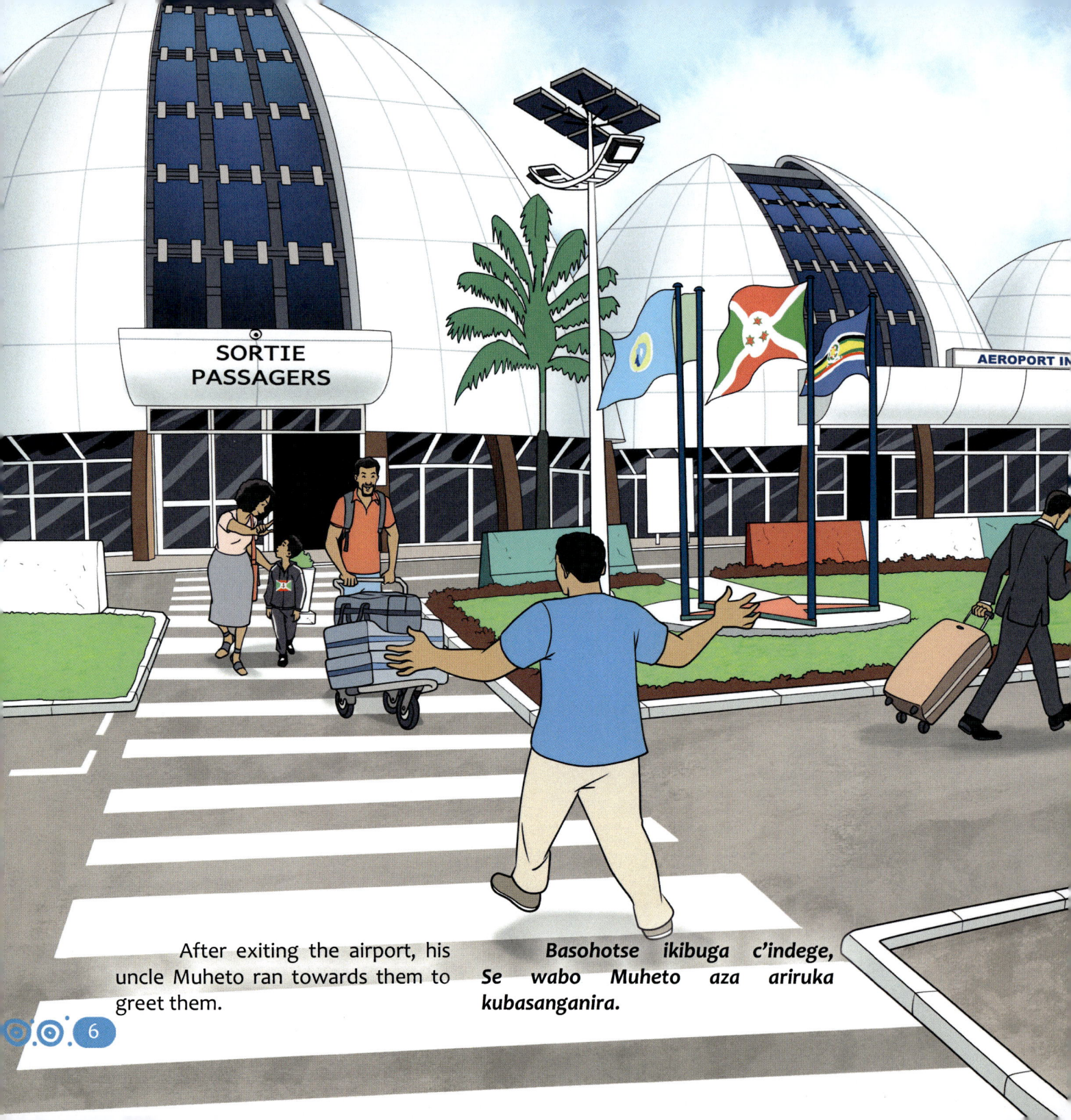

After exiting the airport, his uncle Muheto ran towards them to greet them.

Basohotse ikibuga c'indege, Se wabo Muheto aza ariruka kubasanganira.

Shaka was very excited to see where they were going to stay. He then started to lift the luggage. "SHAKA… do not hurt yourself, I will lift them," Muheto told him.

Shaka yari afise igishika cinshi co kubona aho bagiye gushikira. Niko kubafasha guterura imizigo. Muheto ati : "SHAKA … Reka, reka ntibikuvune, ndabiterura jewe."

"Welcome to my place," Muheto said. "Are we going to stay here?" Shaka asked his mum, surprised. "Yes. This is where your cousin Muco lives." his mum replied.

Muheto ati : "Kaze murisanze muhira i wanje". Shaka nawe, atangaye, abaza nyina ati : "Ni aha nyene tuzoguma ?" Nyina nawe asubizayo ati : "Ego. Erega ni kwaba Muco, muvyarawe."

"But, what am I going to tell my friend William when I will be back? I told him that we were staying at a fancy hotel." Shaka said. "This place is also great. And you are the same age as Muco, so you will not feel alone." his mum replied.

Shaka ati : "None, umugenzi wanje William, ninasubira inyuma nzomubwira iki ? Ko nari namubwiye ko tuzoshikira mw'i hoteri isayangana ?" Nyina aramuhumuriza ati : "Erega no ngaha ni heza. Kandi Muco murangana, ntuzogira irungu."

When they arrived at the house, Muco saw that Shaka was not happy.

Bashitse mu nzu, Muco abona Shaka asa n'uwushavuye.

Then, he took his hand and showed him his room. "Why are you so upset?" Shaka explained to him that he told his friends about staying in a fancy hotel. "Now, I feel left out as they will all laugh at me because they all went to very cool places." he also told him.

Araheza amufata ukuboko aja kumwereka icumba cabo. Yongera amubaza ati : "Ni igiki kigushavuje ?" Shaka amusigurira ko yabwiye abagenzi biwe yuko azoshikira mw'i hoteri idasanzwe. Yongerako ati : "Ubu rero, bazontwenga kuko bobo bagiye mu bibanza vyiza cane."

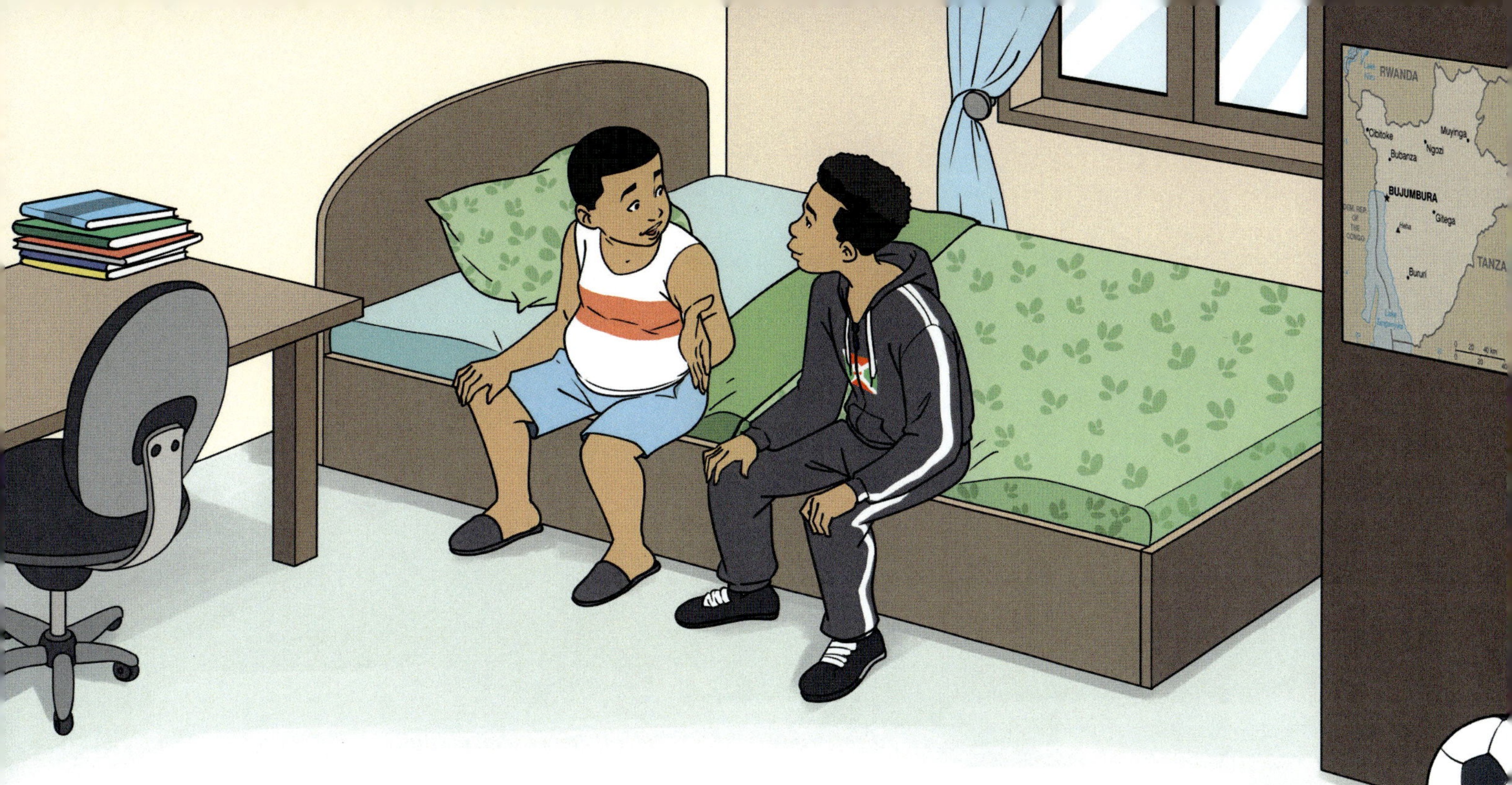

"Oooh !!! Do not worry. We have a lot of beauties in Burundi." Muco replied. "Really?" Shaka replied. "I will let you see it by yourself. For example, do you know all the animals we have in the Ruvubu National Park ?" Muco comforted him. "That's then the place to go," Shaka said.

Muco ati : "Ohoooo !!! Ntugire ikibazo. Hari ivyiza vyinshi mu Burundi." Shaka atangaye nawe ati : "Nivyo?", Muco aramuhumuriza ati: "Cane gose, nawe uzoba uvyibonera. Nk'ubu urazi ibikoko dufise mw'ishamba rya Ruvubu?". Shaka avuga ati : "Aho niho hokuja rero."

The next day, Muco convinced the whole family to go to Ruvubu National Park. Muheto agreed to drive them there.

Bukeye, Muco aragondoza umuryango wose ko boja mw'ishamba rya Ruvubu. Muheto aca aremera kubatwarayo n'imodoka.

After a few hours, Muheto told them: "Here, we are". "Already ?" Shaka asked, surprised. He did not see the time pass as he was enjoying very much the scenery during the car trip.

Haheze amasaha make, Muheto ati: "Aha rero turashitse." Atangaye cane, Shaka abaza ati : "Aka kanya ?" Ntiyigeze abona uko umwanya wagiye. Yari yahimbawe cane n'imisozi yagiye arabona mu nzira baciyemwo.

Shaka was amazed that the park was very big with huge trees and a lot of animals.

Shaka yaratamariwe n'ingene iryo shamba ari rinini, ririmwo ibiti birebire n'ibikoko vyinshi.

He saw so many animals he had never seen before.

Yahaboneye n'ibikoko bitari bike atari bwabone.

«Oh no, what are we going to do?» Shaka's mother asked. "We all need to get out and push the car out of the mud," Muheto said.

Nyina wa Shaka arwa igihumura, ati : "Ryooo, mbega tubigenza gute ?" Muheto ati: "Ni ukuva mu modoka, tukayisunika."

So Muco, Shaka, and his parents got out and pushed the car. «One, two, three, push!» they chanted.

Muco, Shaka n'abavyeyi baca bajako barasunika. Bati : "Rimwe, kabiri, gatatu, sunika !"

The car got out of the mud and they cheered.

Imodoka ica irava mu vyonda hama baranezerwa.

Just then they saw a very big hippo coming their way, making a lot of noise.

Buno nyene, baca babona imvubu iza ibagana, itera urwamo.

They were so scared and ran.   Bagira ubwoba bwinshi cane, baca bariruka.

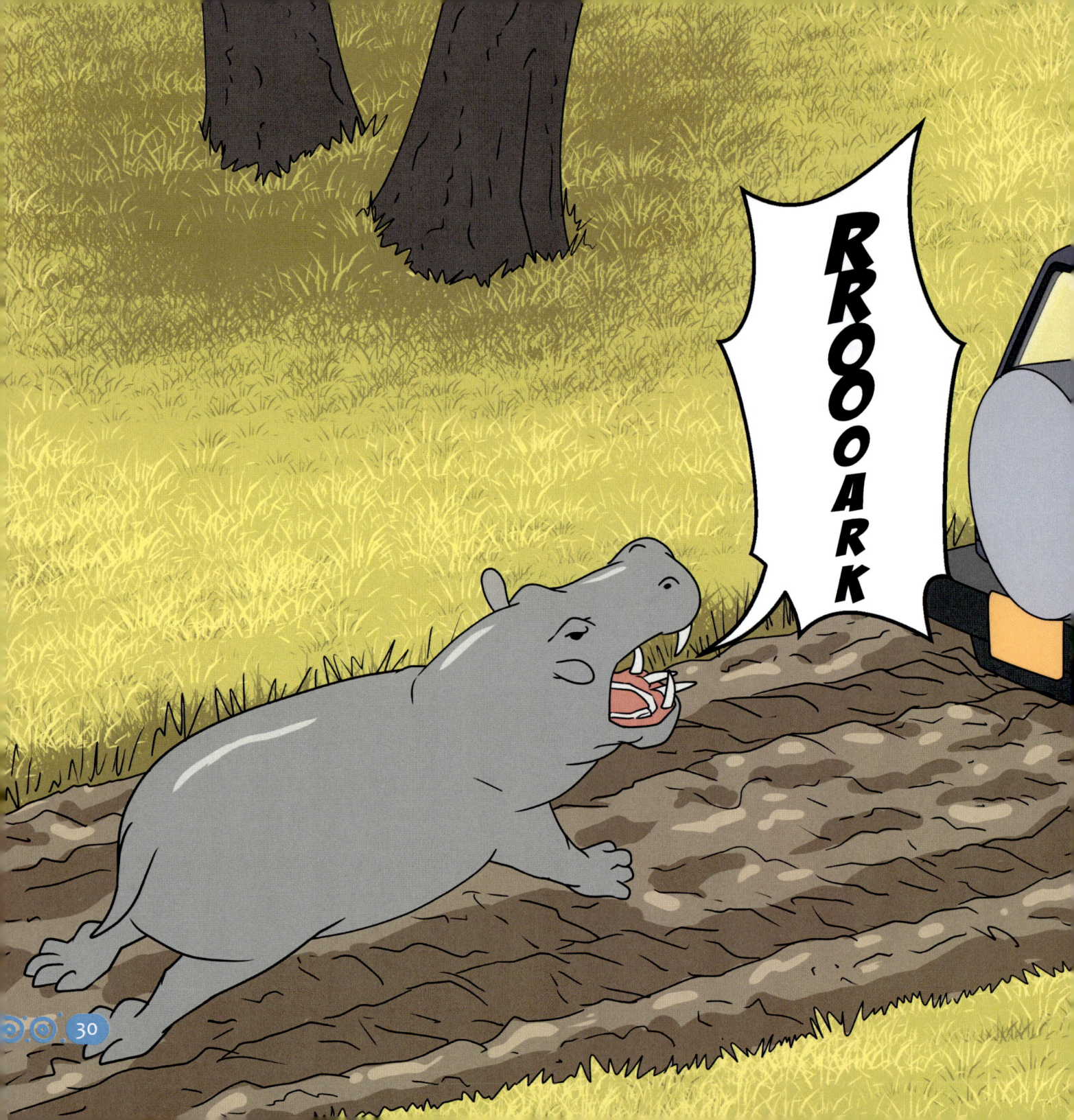

They entered the car at full speed.

Binjira mu modoka bihuta.

After entering, the car left. "The hippo missed us by so little," Shaka said. «Better than a fancy place!» Muco said and everyone laughed.

Bugingo bose buriye, imodoka ica iragenda. Shaka aca ariruhutsa ati : "Turahatswe, yemwe !" Muco aramutwenza ati : "Bisumba kuja muri vya bibanza bizimvye." Bose baca batwengera rimwe.

Now it is your time to color how you will see Shaka's journey in Burundi !

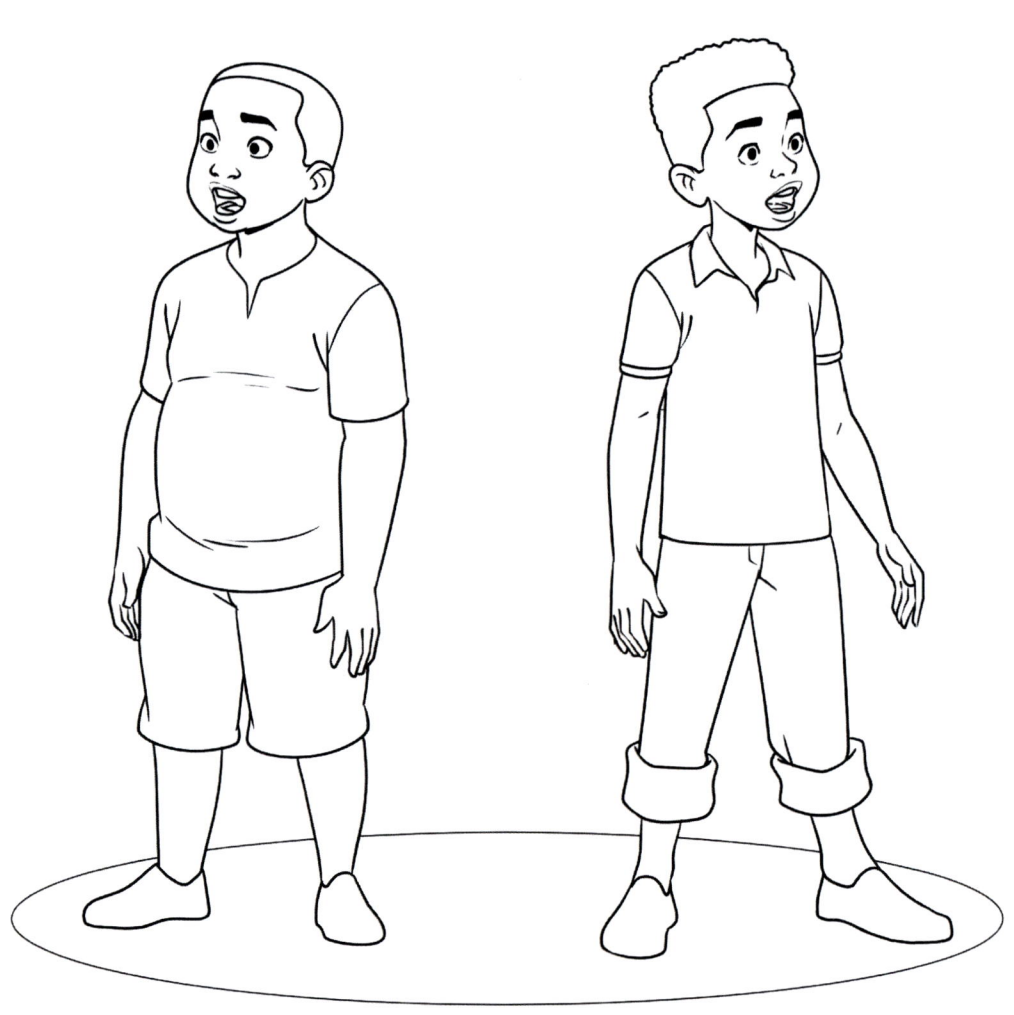

Access the audio recording of the story by scanning this QR code.

Discover in the same collection:

Gatore and her parents visit Burundi -
Gatore n'abavyeyi biwe bagiye gutembera i Burundi

Imprimé à la demande par Amazon
© 2022 Lionel Kubwimana, 1 rue de l'église, 91430 Igny.

Made in the USA
Coppell, TX
07 March 2025